Anonymus

Vorstellung und Beschreibung derer Schul und Campagne Pferden

nach ihren Lectionen, in was vor Gelegenheiten solche können gebraucht werden

Anonymus

Vorstellung und Beschreibung derer Schul und Campagne Pferden
nach ihren Lectionen, in was vor Gelegenheiten solche können gebraucht werden

ISBN/EAN: 9783743327757

Hergestellt in Europa, USA, Kanada, Australien, Japan

Cover: Foto ©ninafisch / pixelio.de

Manufactured and distributed by brebook publishing software
(www.brebook.com)

Anonymus

Vorstellung und Beschreibung derer Schul und Campagne Pferden

Vorstellung und Beschreibung derer Schul und Campagne Pferden nach ihren Lectionen,

In was vor gelegenheiten solche können gebraucht werden.

Representation et Description de toutes les lecons des Cheraux de Manege et de la Campagne,

ins quelles occasions on s'en puisse servir.

Pugnam Ludumqs parabat.

Heraus gegeben
von
Johann Elias Ridinger Mahler u: Kupferstecher
auch der Augspurgischen Kunst und Mahler Academie
Director
Augspurg Anno 1760.

Vorbericht.

Faſt alle Nationen haben Werke herausgegeben, welche zum Theil ſehr weitläufig von der Reitkunſt handeln, und theils einen großen, theils aber einen unſchätzbaren Werth haben. Viele derſelben beſchreiben dieſe edle Wiſſenſchaft und Käntnis der Pferde von ihrem Anfang an. Sie handeln z. E. von der Stutterey, dem Beſchellen, Aufſtellung der Fohlen, dem Wachsthum und Pflege derſelben ſowohl als ihrer Verſorgung in dem Stalle. Man findet darinnen Reglen, wie man eine jede Art derſelben zu ſeinem Gebrauch auswählen ſolle nach ihren beſonderen Eigenſchaften, Stärke, Gewächs und Vermögen. Es wird darinnen beſchrieben, was eine jede Nation und Landes-Art vor der andern vorzügliches an ſich hat, ihre Zähmung und Abrichtung auf der Schule, ſowohl zum Staat als in dem Felde. Man kan aus denſelben lernen und erfahren, welche zu niedrigen oder zu hohen Schulen, zu der Jagd oder zu dem Zug anſtän-

PRÉFACE.

Toutes les nations ont presque publié des œuvres, qui enseignent en partie assez amplement l'art à bien monter à cheval, dont les uns sont d'un grand usage, et les autres d'un prix inestimable. Il-y-en a beaucoup, qui apprennent la noble science et connoisſance des chevaux. dès son commencement. Ils traitent par exemple le haras, l'étalonnement du cheval, l'élevation des poulains, leur accroiſſement, auſſi bien que le soin qu'on en doit avoir dans l'étable. On y apprend le choix qu'il faut faire de tout genre à l'usage qu'on medite, selon les qualités particulières, forces, grandeur et puiſſance qu'on trove en eux. Ils nous proposent outre cela, ce qu'il faut savoir de leurs païs et habitudes naturelles, la préference de chaque genre, la manière de les domter et dreſſer au manége, pour en parader auſſi bien qu' à l'usage en Campagne. On y trouve auſſi décrits les chevaux qui sont plus ou moins habiles au petit et au grand manége, à la chaſſe ou à l'attelage, et comment on en puiſſe connoi-

tre

diger find, ingleichem auch wie man ihre Güte und Fehler oder Krankheiten und Mittel dagegen erkennen müße. Alles dieses ist so richtig und weitläufig darinnen abgehandelt, daß man glauben sollte, man könne nichts mehr hinzu thun und beyfügen. Alle diese Autores find so bekannt, daß ich eine überflüßige Mühe auf mich nehmen würde, wenn ich sie nennen wollte. Alle Kenner und Liebhaber können also leicht das Vergnügen haben, die nöthige und genugsame Nachrichten von den Eigenschaften und Abrichtung der Pferde in den Schriften so vieler geschickter Männer zu ersehen und zu erlernen.

Es ist zwar die Wahrheit, daß die eigene Erfahrung allezeit der blosen Wissenschaft und allen Büchern, die von der Käntnis der Pferde und ihrer Abrichtung handeln, vorgezogen werden muß. Allein es hat auch dieses seine Richtigkeit, daß unsere Vorgänger, indem sie ihre eigene Erfahrungen aufgezeichnet und hinterlaßen haben, uns in vielen Sachen den Weg gebahnet. Die jetzt lebende Meister der Reitkunst, haben sich derselben auch glücklich bedienet, um diese Kunst zu

tre la bonté, les défauts et les maladies. Tout cela est fait et proposé avec tant de justesse et si amplement, qu'on pourroit croire, qu'il n'y ait rien à y ajouter. Tous ces Auteurs font si connus que je ne ferois que peine inutile, quand je les voudrois nommer. Tous les amateurs auront donc le plaisir de voir et d'apprendre les avis necessaires et suffisants à l'usage et à la connoissance des chevaux dans les écrits de tant d'habiles gens.

Il est vrai de tout tems, que la propre experience est toujours préférable à la seule science et à tous les livres qui nous demontrent l'art de connoitre et de dresser les chevaux. Mais il est vrai aussi, que nos antecesseurs en decrivant les experiences qu'ils ont fait eux memes, nous ont fait en beaucoup de choses le chemin ouvert. Les Maitres de manége s'en font aussi servis heureusement, pour donner à cet art la perfection laquelle on y trouve presentement. Il est facile de s'en convaincre par leurs ecrits et par l'experience

ber gegenwärtigen Vollkommenheit zu bringen, in welcher wir sie jetzo sehen. Man kan sich hievon durch ihre Schriften und durch den Augenschein leicht überzeugen. Ich müßte dahero nur dasjenige, was wir bereits imUeberflußehaben,abschreiben, wenn ich eine völlige Beschreibung von der Abrichtung eines Schul- und Campagne - Pferdes hier beyfügen wollte.

Dahero habe ich mich entschloßen auf Anrathen einiger Freunde und Liebhaber mit Beyhülfe eines in der Reitkunst sehr geschickten und erfahrnen Freundes, unter deßen Anleitung ich alle diese Lectionen nach der Natur gezeichnet habe, dieselbe herauszugeben, und zwar mit einigen Ammerkungen von deren Anwendung und Gebrauch, bey was für Gelegenheiten man sich derselben bedienen könne, und wie eine aus der andern folge. Und da, so viel mir bekannt ist, noch kein Werk von dieser Art herausgekommen, so zweifle ich nicht, daß gegenwärtiges sowohl zum Nutzen als zum Vergnügen der Liebhaber dienen werde.

Endlich habe ich auch die Actiones eines Carousels mit der Lanze nach dem Ring und Kopf, mit dem

perience même. Je ne ferois donc que copier ce que nous avons déja en abondance, si je voulois ajouter une parfaite description de la maniere dont il faut dresser un cheval pour le manége et pour la Campagne.

Par cette consideration je suis resolu suivant les conseils de quelques amateurs, étant aidé par quelque ami habile et savant dans l'art à monter à cheval, sous la direction duquel j'ai dépeint toutes ces leçons selon la nature, de les publier en taille douce avec quelques remarques qui montrent leur usage, application, en quelles occasions on s'en puisse servir, et comme l'une suive par l'autre. Et puisque, autant que je sache, aucun livre de cette maniere n'a pas encore eté publié: je ne doute nullement, que celui-ci ne serviroit aux amateurs tant à l'usage qu'au contentement.

Enfin j'ai aussi representé les actions d'un Carousel avec la lance vers le Bague, le Dard ou la Javeline,

Dard oder Javelin dem Degen und Pistolen nach den Köpfen auf und über der Erde beygefüget, ja von dem ganzen Verhalten bey diesen Actionen Nachricht gegeben. Und da diese Stücke alle nach dem Leben gezeichnet sind, so habe beschlossen, solche nächstens diesem Werke als einen Anhang nachfolgen zu laßen. Man könnte also dieses Werk, wie ich glaube, in Ansehung seiner Entwürfe eines der ausführlichsten nennen, da mir noch kein Schriftsteller bekannt worden, der so besonders davon gehandelt hat. Ich schmeichle mir dahero, daß alle Liebhaber daraus erkennen werden, wie aufmerksam ich gewesen sie zu vergnügen, und wie hoch ich die Ehre schätze, mich ihrer Gewogenheit empfehlen zu können

line, l'epée et les pistolets contre les têtes sur et dessus la terre, enfin toute la conduite en ces actions. Tout cela etant dessiné selon le vif on fera la suite de cet œuvre en peu de tems. On pourroit donc, comme je crois, nommer cet œuvre à l'egard de ses representations le plus ample, n'ayant encore vû aucun Auteur, qui en ait écrit si amplement. Je me flatte donc, que tous les amateurs en pourront connoitre, combien j'ai été attentif pour les contenter, et combien j'estime l'honneur de me pouvoir glorifier de leur bienveillance

Augspurg, den 1. May
1760.

Augsbourg, le 1. Mai
1760.

der Erfinder,
Johann Elias Ridinger.

L'Inventeur
Jean Elie Ridinger.

✿ ❀ ✿ .

De-

Beschreibung
aller Lectionen derer
Schul- und Campagne Pferde.

Num. 1.

Ein bedecktes Pferd mit Blenden, welcher man sich bedienet wann ein Pferd viel Feuer hat, scheu oder schlimm zu führen ist.

Num. 2.

Ein Pferd wie es mit dem Gurt zur Schule geführet wird. Es wird hierdurch bey Auflegung des Sattels, auch an den Sattel-Gurt gewöhnt.

Num. 3.

Das Trottiren von einem jungen Pferd an der Corben, welches nothwenbig ist, um ein junges Pferd den gestreckten Trott, als das Fundament aller folgenden Schulen zu lehren.

Num. 4.

Das Trottiren auf der Volte mit dem spanischen Reuter und Sand-Sack, ist vor ein unbändiges Pferd, oder Wildfang, das noch keinen Reuter leyden will, zu Zeiten mehr noth-

Description
de toutes les Leçons des
Chevaux de Manége & de la Campagne.

Num. 1.

Un Cheval couvert des lunettes dont on se sert, quand un cheval a beaucoup de feu, qu quand il est ombrageux & mauvais à mener.

Num. 2.

Un cheval avec une sangle, comme on le méne au manége. On l'accoutume par là en lui mettant la selle à la sangle.

Num. 3.

Le trot d'un jeune cheval à la longe, trés necessaire pour apprendre à un jeune cheval le trot alongé, qui est comme le fondement de toutes les autres leçons.

Num. 4.

Le trot sur la volte avec la machine d'Espagne & un sac rempli de sable est quelquefois plus necessaire que bon pour domter un cheval sauvage qui ne veut pas souffrir le Cavalier.

B   Nean-

6

wenbig als gut; da aber dergleichen Inſtrumenta die Pferde beſonders in denen Schultern gar zu ſtarck ſorciren, ſo hat man es heut zu Tage auf vielen Schulen verworffen, hingegen ſuchet man ſie auf eine gelinbere Art zu recht zu bringen. Doch findet man Pferde, ſo dardurch gezwungen werden müſſen.

Neanmoins ces ſortes d'inſtruments forçans trop les chevaux, ſinguliérement aux hanches; on ne s'en ſert presque plus au manége & cherche plûtot de les corriger plus doucement; quoique on trouve auſſi des chevaux qui en veulent être forcés.

Num. 5.

Dem Pferde werden die Kuglen, welche mit Reh-Haaren überzogen ſind, zum trottiren an denen vorder Füſſen angeleget, dieſes iſt ein gutes Mittel vor Pferde welche ſich im gehen ſtreiffen, dann es benimt ihnen dieſen Fehler, ſie lernen auch dardurch die Schenckel auswärts werffen.

Num. 5.

Un cheval aux piés duquel de devant on met les boules couvertes des poils d'un chevreuil pour le faire troter. C'eſt un bon reméde quand les chevaux ſe frappent en marchant, car il corrige ce défaut, & ils apprennent par là à mettre les jambes en dehors.

Num. 6.

Ein Pferd mit der Spring-Halffter zwiſchen den Pilieren, um ſelbiges ſich zu leviren, und auf dem Hintertheil halten zu lehren.

Num. 6.

Un cheval avec le grand licou entre les piliers pour lui apprendre à ſe lever & à ſe tenir ferme ſur les hanches.

Num. 7.

Das Compliment vor dem Auffitzen, welches auf allen Reitſchulen der Gebrauch iſt, mus nothwendig obſerviret werden.

Num. 7.

Le compliment avant que de ſe mettre à cheval doit neceſſairement être obſervé, etant paſſé en coutume à tous les manéges.

Num. 8.

Frey vom Boden auf zu ſitzen. 1ſtes Tempo! weilen man in 3. Tempo unaffectirt, auffitzen muß.

Num. 8.

Monter à cheval de la terre. Premier tems: parcequ'il faut monter à cheval en trois tems ſans affectation.

Num. 9.

Auf das Pferd zu ſitzen; 2tes Tempo. Es iſt allhier vom Vortheil vorgeſtellet.

Num. 9.

Le ſecond tems pour ſe mettre à cheval. C'eſt ici repreſenté de l'avantage.

Num.

Num. 10.

Das 3te Tempo ist, daß man sich gerade und aufrecht in den Sattel setze, und so gleich die Zügel in die Häube nehme, um solche zu rechte zu richten.

Num. 11.

Diese Figur weiset wie ein Reuter schön und gerade zu Pferd sitzen solle. Er solle aber mit dem Kopff weder über-noch unter sich, sondern gerade zwischen des Pferdes Ohren frölich und hertzhafft durchsehen, die Brust erheben, die Schultern ruckwärts sencken, beyde Arme am Leibe halten, mit dem rechten, worinn die Spitzruthe, etwas höher als die lincke Faust auch freyer vom Leibe seyn, die Zügel in der lincken Hand wohl gleich führen, den Daumen oben auf die Breite der Zügel fest legen, beyde Zügel mit dem kleinen Finger theilen, auch die Hand leicht zu führen sich besonders angelegen seyn lassen, mit dem Gürtel oder Leibe vorwärts an den Sattel sich richten, um sich nicht mit dem Hintertheil anzulehnen, mit dem Obertheil der Schenckel sich wohl schliessen, die Waden wohl ausstrecken, fest auf den Steigbüglen zu stehen; die Fersen unter sich, die Spitze des Fusses über sich in den Büglen etwas vorstehend, und in allem sich aufrecht zu erhalten suchen. Wird sich der Reuter in dieser Action im Trottiren und Gallopiren erzeigen, so wird er sie in allen übrigen Lectionen nicht verlieren, sondern den Ruhm eines guten Reuters erwerben.

Num. 10.

Le troisieme tems est, que l'on se mette tout droit dans la selle & que l'on s'aprête d'abord pour prendre les rênes de la bride dans la main, afin de les arranger.

Num. 11.

Cette figure marque comme un homme se doit tenir droit & joliment à cheval. Pour cet effet il ne regarde ni en haut ni en bas, mais il entrevoit courageusement par les oreilles du cheval. Il éléve sa poitrine, & abaisse les epaules en arriere, tenant ses deux bras au corps. Que le bras droit, auquel on tient la baguette, soit neanmoins plus dégagé du corps. Il s'étudie aussi à conduire bien également les rênes de la bride de sa main gauche, & à mettre fermement le pouce sur le plat des rênes en les partageant du petit doigt. Il s'accoutume à gouverner aisement sa main & à tenir son corps au devant de la selle, afin de ne pas l'appuyer sur le derriere. On requiert aussi de lui qu'il serre bien du haut des jambes, qu'il allonge le gras de la jambe, se mettant ferme aux étriers, les talons en bas, & la pointe du pié en haut, mais qu'il se tienne parfaitement droit en tout ceci. Tout Cavalier, qui se prend de cette maniere en trottant ou en galopant, ne se démentira jamais dans toutes les autres leçons.

Num. 12.

Ein junges Pferd im Schritt, welcher gut vor alle Pferde ist, woburch man sie sittsam gehen machet, auch durch die Trense gewöhnet, die Zäumung und das Mundstück anzunehmen.

Num. 13.

Der Schulgerechte Schritt machet, daß ein Pferd lerne gerabe ausgehen, auch daß es den Kopff wohl und stät trage.

Num. 14.

Der Schulgerechte Trab, auf der Volte, ist der Grund von allen folgenden Schulen, also eine der nothwendigsten; dann hierin werden dem Pferde die Schultern gebrochen und frey, auch die Schenckel sehr hurtig und gelencke gemacht, worburch auch das Pferd sich leicht und schnell wenden lernet.

Num. 15.

Der Schul rechte Trab, gerabe aus, an der Wand rechts. Diese Lection machet sowohl das Pferd als den Reuter in ihren Actionen sehr ferm, zumal wird der Reuter diejenige Positur behalten in allen Schulen, sie seyen gleich bey oder über der Erben, welche er in dem Trab anzunehmen fähig gewesen; es ist also alle Aufmercksamkeit allhier anzuwenden, daß man sich in einer guten Action erhalte. Es wird auch ein geschickter Bereuter seinem Scholaren nichts nachsehen was ihn verderben, ein guter Lehrling aber nichts unterlaß

Num. 12.

Un jeune cheval au pas, qui est trés bon pour faire aller tranquilement les chevaux, & pour les accoutumer par la tresse à recevoir la bride & le mords.

Num. 13.

Le pas du manége fait aller le cheval sur la ligne & porter sa tête bien & ferme.

Num. 14.

Le trot du manége sur la volte est le fondement de toutes les autres leçons & par consequent une des plus necessaires. Car les épaules du cheval deviennent par là livres & dégagés, les jambes légers & agiles, & il aprend à se tourner aisement & avec vitesse.

Num. 15.

Le trot du manége sur la ligne à la droite. Cette leçon confirme le cheval & le Cavalier dans ses actions. Car ce dernier se tiendra dans la même posture par tout, qu'il observe en trottant. Il est donc besoin, que l'on soit fort attentif pour avoir une bonne action. Un maitre habile ne laisse aussi rien passer à son écolier, qui le pouvoit gâter, & un bon écolier ne neglige pas ce qui le peut rendre bon Cavalier.

Num. 16.

· fen waß zur Zierde eineß guten Reu=
terß dienen fan.

Num. 16.

Die Wendung eineß Pferdeß, von
der lincken gegen der rechten, oder
von der rechten gegen der lincken
Hand, geſchiehet anfänglich im
Schritt, hierdurch wird daß Pferd
zu allen folgenden Schulen geſchickt,
ſich ſo ſchnell alß ſie eß erforderen, zu
wenden.

Num. 17.

Der Galop entſtehet auß dem
Trab; dann je fermer ein Pferd trot-
tiret, ſo viel leichter wird eß ſich von
ſelbſt in den Galop ſetzen, wie aber
die Pferde ohne dieſe Schulrechte Be=
wegung ſich in den Schenckeln gar
ſehr confundiren, alß iſt eß ſo viel
nöthiger ſie in eine Schulgerechte Be=
wegung zu ſetzen, eß geſchiehet aber die=
ſes mit Vorſetzung deß vorderen und
hinteren Schenckelß von einer Seite,
nach deme daß Pferd rechtß oder
linckß galopiren muß, hierdurch
wird ein Pferd auf ſeinen Schenckeln
recht gut verſichert, daß eß ſo leich=
te nicht ſtürtzen und der Reuter Scha=
den nehmen wird; und gleichwie der
Trab der Grund der Schulen bey
der Erden iſt, ſo iſt der Galop der=
ſelbe zu benen Schulen über der Erbe.

Num. 18.

Dieſe Art deß Galopß iſt erhebter
alß vorhergehender, welcher commoder und flüchtiger, dieſer hingegen
ſehr anſehnlich auch vor Falconier
und Parforce-Pferde beſſer, auch da

Num. 16.

Le changement du cheval de la
gauche à la droite ou de la droite à la
gauche ſe fait prémiérement au pas :
par là devient le cheval habile à chan-
ger en toutes leçons avec la même
viteſſe que l'on demande.

Num. 17.

Le galop vient du trot. Plus fermement le cheval trote, plus facilement il commencera le galop. Mais
comme les chevaux ſans cette action
ſe confondent aiſement de ſes jambes,
il eſt d'autant plus neceſſaire de les y
mettre. Cela ſe fait en mettant devant les jambes de devant & de derriere d'uu coté, ſelon que le cheval
doit galoper à la droite ou à la gauche. Par là le cheval devient aſſez
ferme & aſſuré ſur ſes jambes pour
ne ſe point précipiter & cauſer du
malheur au Cavalier. Et comme le
trot eſt le fondement des leçons auprés de la terre : ainſi le galop l'eſt
des leçons ſur la terre.

Num. 18.

Cette ſorte du galop eſt plus levée
que la précédente, qui eſt plus commode & plus precipitée. Celle ci
eſt plus conſiderable & meilleure pour
les chevaux de Fauconnerie & de par
force.

C

fie auf halben Hancken Galopiren,
die Galopade viel geftreckter ift.

Num. 19.

Das Pferd in der Galopade zu
Changiren gefchiehet auf der gantzen
oder halben Volte, daß wann es zuvor rechts Galopiert und man es
lincks wendet, das Pferd fogleich
und in einem Tempo mit beyden Füf-
fen auf der lincken Seite denen
rechten vorgreiffet, den Kopff in die
Volte wendet, und feine Lection ohne ftille zu halten continuiret. Ein
Pferd welches hierin recht verfichert
ift, kan feinem Reuter zumal in der
Campagne, viele nützliche Dienfte in
verfchiedenen Gelegenheiten thun.

Num. 20.

Die Parade oder das Stillhalten
im Galop muß etwas ftarck mit An-
ziehung der Zügel und Zuruckhaltung
des Leibes, jedoch nicht affectirt, öffters auch nur mit der Stimme gefche-
hen, damit das Pferd auf einmal
auf der Stelle anhalte, hierdurch kan
bey vielen Vorfallenheiten der Reuter fich vor Gefahr und fatalen Fäl-
len verwahren.

Num. 21.

Der Schulgerechte Paß ift ein
fehr commoder Gang; es muß aber
ein Pferd fchon von Natur darzu
incliniren, dann feine Bewegung ge-
fchichet rechts oder lincks auf einer
Seiten mit dem vorder oder hinter
Fuß zu gleicher Zeit, dergleichen Pferde werden vor hohe Dames zu einem
Spatzierritte gewidmet.

force. Et comme ils galopent alors à
demies hanches, leur galop eft auffi
plus étendu.

Num. 19.

Le changement du cheval en galopant fe fait fur la volte parfaite ou
demie. Car quand il a galopé aupa-
ravant à la droite, & que l'on fe tourne
à la gauche, il anticipe tout d'un
coup, & en même tems de fes deux
piés à la gauche fur ceux à la droite,
il tourne fa tête dans la volte & con-
tinuë fa leçon fans s'arrêter. Le
cheval qui eft bien ferme en cela peut
rendre à fon homme beaucoup des
fervices dans plufieurs occafions finguliérement en campagne.

Num. 20.

La parade pour arrêter un cheval
au galop fe fait, quand on retient les
rênes de la bride auffi bien que le corps
fans affectation & fouvent avec la voix
feule, afin que le cheval s'arrête tout
d'un coup & fur la place. Par là un
homme peut éviter en bien d'occafions
lés perils & fon malheur.

Num. 21.

Le pas l'amble eft un marche trés
commode, mais il faut que le cheval
en foit déja difpofé par inclination.
Car le mouvement fe fait à la droite
ou à la gauche d'une coté avec le pié
de devant & de derriere en même
tems. Ces chevaux font deftinés aux
Dames, qui veulent fe promener à
cheval.

Num.

Num. 22.

Das Zurückgehen ist eine höchst nothwendige Lection, weilen das Pferd dem Reuter ohne dieses nicht gehorsam und folglich nicht recht dressirt ist: Dann es sind viele Wege, wo ein Pferd weder vor sich gehen noch umkehren kan, so daß man gezwungen ist solches zurück zu ziehen.

Num. 23.

Traversiren an einer Wand rechts und lincks ist sehr vortheilhafft vor die Cavallerie, wann sich selbige schließen muß, damit sie sich von einer Seite oder Flügel auf den anderen stellen kan, dieses ist sehr gut, indeme sie allezeit geschlossen bleiben, und Fronte gegen dem Feinde machen; so stehet es auch einem Officier sehr wohl bey einer Revüe vor der Linie seines Regiments sein Pferd zu traversiren, indeme er alle seine Leuthe auf einmal übersehen und commandiren kan. In Engeland müssen alle Reuter Pferde traversiren können.

Num. 24.

Diese Lection auf der Volte mit dem Kopff ein und der Croupe auswärts, ist darum nothwendig, dadurch lernet das Pferd sich wenden, und wird sehr gelenckicht auf denen Schultern, und machet daß es sich auf dem Hintertheil hält.

Num. 25.

Verkehrt mit der Croupe gegen der Säule auf einem engen Creise zu traversiren, ist eine Action wodurch sich das Pferd lernet auf der Stelle

Num. 22.

Le réculement du cheval est une chose trés necessaire, parceque sans cela le cheval n'est ni dans l'obéïssance ni bien dressé. Car on trouve souvent de tels chemins ou l'on peut ni avancer, ni retourner, ainsi que l'on est forcé de faire réculer son cheval.

Num. 23.

Le travers à coté d'une muraille à la droite & à la gauche est trés avantageux pour la Cavallerie, quand il faut se serrer, pour se mettre d'une aile à l'autre restant toujours serré & pour faire front contre son ennemi. Il convient aussi à un Officier quand il traverse à la revüe devant la ligne de son regiment, parce qu'il en peut voir tout à la fois ses gens. De là il arrive, qu'en Angleterre tous les chevaux de la Cavallerie le doivent savoir.

Num. 24.

Cette action sur la volte la tête en dedans & la croupe en dehors est necessaire, parceque le cheval aprend par là à se tourner, être léger & habile dans les épaules & dans la croupe.

Num. 25.

Volte traverser avec la Croupe contre le pilier sur un Cercle étroit est une action ou le cheval aprend à se tourner sur le champ. C'est bien utile

zu wenden, dieses hat einen ausneh=
menden Nutzen vor alle die im Kriege
sind, kommt man ins Gedränge so
wird man sich leichter heraus wickeln,
und durch Hülffe des Pferdes salvi=
ren können.

Num. 26.

Traversiren auf der Volte in weitem
Creise ist die vorhergehende Lection,
und hat gleiche Würckung, nur daß
das Pferd in einer mehreren Frey=
heit seine Schule machet.

Num. 27.

Diese Lection auf einem Creise
von der länge des Pferdes zu Traversi=
ren, machet daß sich das Pferd noch
mehr auf dem Hintertheil halten muß,
um mit dem vorberen desto freyer zu
seyn. Dieses heist das Pferd gleich=
sam auf einem Teller um zu wen=
den, hat auch in Rencontren, Duel=
len ꝛc. einen guten Effect.

Num. 28.

Der Schluß auf einer halben Vol=
te im traversiren auf der croupe ge=
gen der Wand, ist sehr zierlich und
schön, es zeiget diese Lection die Habileté eines Reuters, bey Revüen ober
einem Carousel da sie öffters mit vie=
ler Zierlichkeit kan angebracht wer=
den. Hierbey muß er das Pferd mit
dem Vordertheil wenden, daß es sich
auf dem Hintertheil bis zu dem
Schluß der halben Volte soutenire.

Num. 29.

Der Redop an der Wand ist eine
Action in welcher das Vordertheil
des Pferdes der Croupe etwas vor=

---

utile & interessant à tous ceux qui
sont en campagne, quand on les pres-
se, pour se tirer plus facilement de
l'embarras & pour se sauver.

Num. 26.

Traverser sur la volte sur un cercle large est la même leçon & de même
effet, excepté que le cheval est en
plus grande liberté.

Num. 27.

Cette action de traverser sur un
cercle la longueur du cheval fait que
le cheval se tient plus ferme sur ses
hanches pour être plus libre sur le devant. C'est comme un tournoye-
ment sur l'assiette qui a un bon effet
dans les rencontres & les duëls.

Num. 28.

Le Tour dans le travers sur la demie volte est bien propre. On reconnoit par cette action l'habileté d'un
Cavalier, qui s'en peut servir joliment à l'occasion d'une revuë ou d'un
Carousel. Pour cet effet il faut tourner le cheval avec le devant, afin
qu'il se soutienne sur la hanche jus-
qu'au tour de la demie volte.

Num. 29.

Le redop à coté de la muraille est
une action, dans laquelle le devant du
cheval précéde un peu la croupe &

ou

gehet, in welcher sich auch das Pferd in der Geschwindigkeit von einer Seiten zur anderen, rechts und lincks, traverſiren kan.

Num. 30.

Auf der Volte in einem weiten Creiſe zu Redopiren, iſt eine Wendung in der Geschwindigkeit, welches vor ein Officier Pferd sehr nützlich und nothwendig iſt, ſowohl in einer Bataille als in einem Duell, wird auch verhindert daß der Feind nicht in den Rucken kommen kan.

Num. 31.

Der Redop auf einem kleinen Circkel von länge des Pferdes iſt ſehr vortheilhafft; dann in dieſer Action kan man ein Pferd auf der Stelle herum wenden, ſo daß man allezeit ſeinen Feind im Geſicht hat.

Num. 32.

Die Peſaden oder der erhabene Redop, erhebet das Pferd von vornen etwas höher als in vorhergehendem ordinairen redopiren, es erhält Mann und Pferd ein ſehr gutes Anſehen, bey einem Aufzug oder Carouſel.

Num. 33.

Courbetten ſind alleine zum Staat, und die ſo von einem Huffſchlag bleiben auf einer Stelle, da ſich das Pferd immer levirt, bey Ein = und Aufzügen der Carouſels geben ſie, wo ſie zu rechter Zeit und nicht allzuviel angebracht werden, dem Reuter wie dem Pferde vieles Anſehen.

---

ou l'on peut traverſer ſon cheval dans la viteſſe d'un coté à l'autre.

Num. 30.

Redoper ſur la volte ſur un cercle large eſt un tournement bien vite & trés bon pour un Officier ſi bien dans la Bataille que dans un duël. On en empéche auſſi, que l'ennemi ne puiſſe attaquer par derriere.

Num. 31.

Le redop ſur un petit cercle de la longueur du cheval eſt tres avantageux, pour pouvoir tourner ſon cheval ſur la place & avoir toujours ſon ennemi en face.

Num. 32.

Le redop rélevé eſt une action ou le cheval ſe leve un peu plus par devant que dans le redop ordinaire. Il fait à l'homme & au cheval bonne mine & apparence.

Num. 33.

Les courbettes ſur la droite ne ſont que pour la parade & une action ou le cheval ſe leve ſi ſouvent qu'on veut ſur la même place. Aux entrées & marches des Carouſels elles procurent au Cavalier & au cheval une bonne apparence, quand on s'en ſert juſtement & avec moderation.

D   Num. 34.

Num. 34.

Die Courbette gerabe aus an der Wand, ist eine Action, worinn das Pferd auf jedes Tempo ein wenig avanciret, alle Courbetten aber, sie seyen auf der Stelle vor oder rückwärts, rechts, links, auf einem Cirkel, von welcher Art sie wollen, taugen nur alleine zur Parade.

Num. 35.

Halb lustig ist wann das Pferd sich in der Geschwindigkeit, Tempo auf Tempo levirt, man erkennet daran wie ferme ein Pferd dressirt ist.

Num. 36.

Terre a Terre ist eine Art eines Galops, worinn sich das Pferd auf der Croupe hält, und vorne sich nicht hoch hebet.

Num. 37.

Die Pirouëtte, ist eine gleiche Vorstellung von dem Redop, nur daß sich das Pferd mit dem vorderen Theil auf einmal herum wirfft in einem kleinen Circkel, mit dem hinteren Theil aber fest auf dem Boden bleibet, doch müssen die Füsse, rechts oder links, nach deme die Wendung ist, vorn und hinten über einander kommen; diese Action ist sehr bequem vor einen Officier in führendem Commando, es gehören aber sehr vermögliche und wohl dressirte Pferde hierzu.

Num. 38.

Der Carriere gerab aus ist sehr nothwendig für einen Officier wann er in freyem Felde von dem Feinde ver-

Num. 34.

Les courbettes tout droit à coté de la muraille sont des actions ou le cheval s'avance à chaque tems un ou deux pas. Toutes les courbettes, de quelque maniere qu'elles soient, sur la place, par devant, ou par arriere, à la droite, à la gauche & sur un cercle ne font que pour faire parade.

Num. 35.

A moitié alerte est quand le cheval se leve avec vitesse tems sur tems. On reconnoit par là si le cheval est asséz bien dressé.

Num. 36.

Terre à terre est une action ou le cheval se tient sur la hanche sans se lever beaucoup.

Num. 37.

La Pirouëtte se fait, quand le cheval se tourne tout d'un coup pardevant dans un cercle étroit, le derriere restant ferme sur la place. On observe aussi, que les piés à la droite & à la gauche selon que le tournement se fasse, soient pardevant & par derriere l'un sur l'autre. Cette action est fort commode pour un Officier qui commande. Mais il faut qu'on y ait un cheval bien dressé & puissant.

Num. 38.

La carriere tout droit est trés necessaire pour un Officier en poursuivant l'ennemi ou bien pour echaper
la

folget wird, ober dem flüchtigen Feinde nachsetzen muß, eben so gut ist es auch vor die Parforce-Pferde daß sie wohl abgerichtet werden, dann so wird man nicht so leicht stürtzen ober Unglück haben.

Num. 39.

Die Croupaden sind sehr gut den Reuter fest sitzen zu lehren, auch kan man mit einem solchen Pferd im fall der Noth in ein kleines Thal ober Graben springen.

Num. 40.

Ist ein Pferd in der Balotade recht wohl geschickt, so wird es weit sicherer und leichter über einen Graben springen, nach deme es sowohl gerade aus als auch auf der Volte rechts und lincks wohl dressiret worden.

Num. 41.

Die halbe Capriolen sind gut im fall der Noth über Verhack und Schrancken zu springen.

Num. 42.

Das Passagiren so man sonst auch den spanischen Schritt nennet, ist eine Action wo das Pferd von Natur sehr hoch gehen muß, und ist nur alleine vor einen grossen Herren bey einem Einzug zu gebrauchen.

Num. 43.

Die gantze Capriole ist eine Lection, in welcher das Pferd lernet über alles, wo es nur das Maul darauf legen kan, hinüber zu springen, dann höher zu springen wird man

---

la poursuite de l'ennemi. Quand un cheval par force est aussi accoutumé à cela, il n'arrivera pas si souvent du malheur.

Num. 39.

Les croupades sont trés bonnes pour mettre l'homme ferme à cheval & pour faire sauter son cheval au cas de necessité dans un petit précipice ou dans quelque fossé.

Num. 40.

Quand le cheval est bien dressé pour les Balotades, il est admirable pour franchir plus sûrement & aisément un fossé, parcequ'il est accoutumé tout droit & sur la volte, à la droite & à la gauche.

Num. 41.

Les caprioles à demi sont bonnes en cas de necessité pour franchir les palisades & les carrieres.

Num. 42.

La danse du cheval, qu'on nomme aussi le pas d'Espagne, provient d'un cheval qui leve les jambes bien haut de sa nature; mais on ne s'en sert qu'à l'entrée d'un grand Seigneur.

Num. 43.

La capriole entiére aprendra le cheval à franchir tout, sur quoi il peut mettre sa bouche. Car ce ne seroit pas sans péril, si l'on voudroit forcer le cheval à sauter plus haut. Mais

D 2

par

ohne groffe Gefahr einem Pferde
nicht zumuthen dürffen, es hat aber
durch solch resolutes überfetzen manch
braver Officier und Soldate fein Leben gerettet von der Gefangenfchafft
fich loß geriffen oder in Verfolgung
des Feindes fich glücklich gemachet.

par d e telles caprioles beaucoup des
Officiers & Soldats ont fauvé leur
vie, & evité la captivité, ou ils fe font
rendus heureux en pourfuivant leur
ennemi.

Num. 44.

Das Pferd zum Fahnen zu gewöhnen ift nothwendig, damit es fich vor
nichts fcheue fowohl vor ein Officiers
Pferd als aller anderer Liebhaber
Pferde vom Reuten.

Num. 44.

Accoutumer le cheval au drapeau
eft trés neceffaire , afin que les chevaux des Officiers ou des autres amateurs ne foient pas ombrageux.

Num. 45.

Das Pferd zur Trommel zu gewöhnen ift gut befonders vor Solda-
ten-Pferde, damit fie fich vor groß-
fem Getümmel oder Lermen nicht
fcheuen.

Num. 45.

Accoutumer le cheval au tambour
eft bon finguliérement pour les chevaux des Soldats pour les rendre tran-
quiles de tout bruit.

Num. 46.

Das Pferd Schuß frey zu machen,
dienet fowohl vor Soldaten als Lieb-
habere von der Jagd, wie weit es
auch darinnen zu bringen davon zeu-
gen fowohl derer Hüner-Fänger als
Feder-Schützen ihre Schieß-Pfer-
de.

Num. 46.

Le cheval d'arquebufade eft bon &
pour les Soldats & pour les amateurs
de la chaffe. Les chevaux de ceux
qui prennent des poules & des tireurs
à la volaille demontrent, combien on
y puiffe avancer.

Lettre

Schreiben

eines sehr wohlerfahrnen Bereyters von einem Hochfürstl. Hofe
an einen Cavalier,

enthaltend:

Nothwendige Anmerckungen

für diejenige, welche sich eine Zeitlang in der ReutKunst unter einem
Meister geübet, was sie in acht nehmen sollen wann sie von demselbigen
weg kommen.

Ich bin überzeugt daß Ew. Hoch
Gräfl. Excell. alle Vortheile und
Manieren vollkommen begreiffen, wie
man wohl zu Pferde sitzen müsse, da
nun so vieles an der guten Assiete lieget, so belieben sie sich darin möglichst zu erhalten, und wohl darauf
zu sehen, daß sie in allen Bewegungen des Pferdes das Æquilibrium
niemals verlieren, dann wo sie dieses recht in obacht nehmen, so empfinden sie ohne sich im Spiegel zu besehen, ob sie gerade oder nicht zu Pferde sitzen, es ist kaum zu glauben, und
begreiffen es sehr wenige, was die
gute Action eines Reuters zu Abrichtung der Pferde contribuiret, wie
auch was die unsichtbaren Hülffen,
mit dem Leibe vor einen Effect haben,
und wie viele facilité sie dem Pferde
geben, seine Schulen mit Lust und

Lettre

d'un écuyer à la Cour d'un
Prince bien experimenté à un
Cavalier de qualité,

qui contient

Des remarques neceſſai

res pour ceux qui ont frequenté le Manége à l'egard de ce qu'ils
doivent obſerver quand ils en
ſortent.

Je suis parfaitement convaincu, que
Vôtre Excellence ait fort bien
compris les avantages & toutes les
manieres, pour être bien à cheval,
& je ne doute pas qu'Elle ne se con
ſervera dans la bonne aſſiette qui eſt
ſi neceſſaire. Rien n'eſt ſi intereſſant,
que ce que vous ne perdiez jamais
l'equilibre dans tous les mouvemens.
Vous ſentirez alors, ſans vous voir
au miroir, ſi vous étes droit à cheval
ou non.   Outre cela l'on a peine à
croire combien la bonne action d'un
Cavalier contribuë pour achever les
chevaux, & de quel effet ſoient les
aides inviſibles avec le corps donnans au cheval la facilité pour faire ſon école. Je Vous recommande donc cet article ſoigneuſement,
parcequ'il arrive fort ſouvent que,
quand on travaille ſoi meme, l'on
E   s'ou

Leichtigkeit zu prästiren, ich recom-
mandiere also diesen Punct sehr, weilen es vielfältig geschiehet, daß wann
man vor sich selbst arbeitet, und von
niemand corrigiert wird, man sich
vergisset, öfters Grimaßen annimt,
welche man selten oder gar nicht mehr
verlieret.

Gleichwie ich ihnen die beste Reglen und Manieren die Pferde auf
der Schule zu reuten nach rechter Art
gezeiget, so belieben sie sich nicht alleine nach derselben zu richten, sondern auch eine continuirliche Application zu haben, solche ins Werck zu
stellen, und wie die Theorie aus guten Büchern zu erlernen an sich gut,
ohne welche selten eine gute Practique
erfolget, so kommt es doch darauf an,
daß man sich derselben mit Vernunfft
und gutem Judicio gebrauche, dabey
aber mehr auf die Erfahrung selbst
bringe. Ob nun wohl manche den er-
sten Anfang die Pferde abzurichten
sehr negligent tractiren, und es dahero an geringere abgeben, so ist doch
dieses eines der vornehmsten Stücke,
so mit vielem Fleiß und Bedacht geschehen solte, und ich wünschte daß
man selbst öfters in Person zugegen
wäre.

Ich rathe also, daß so bald als der
Fohlen in dem Stall aufgestellet worden, man mit Aufmerckamkeit nicht
alleine seine Taille und Fateza be-
trachte, sondern daß man auch auf
dessen Geberden und Manieren attendire aus welchen sein Humeur abzu-
nehmen, da man auch sehr vieles daraus judiciren kan, wie man ferner
mit ihme umgehen solle.

s'oublie & grimace, ce qu'on corrige alors rarement, ou peut être jamais.

Comme je Vous ai montré les
meilleures régles & manieres à bien
monter à cheval, Vous n'avez que
les observer & Vous y appliquer continuëllement pour les exécuter. Il
est bon & convenant qu'on apprenne
la Theorie par de bons livres, sans
laquelle on ne parviendra que diffi-
cilement à la bonne pratique; néanmoins il s'en faut user avec raison &
génie en insistant plus à l'experience. Je sais bien, que l'on se soucie
souvent fort peu, quand on commence
à dresser les chevaux: mais parceque c'est un point de grande importance, je souhaiterois qu'on le trai-
tât avec beaucoup d'attention & di-
ligence & que l'on y fût toujours
présent.

Je conseille donc, dés que le poulain est établé, qu'on considére avec
beaucoup d'attention sa taille, son
port & ses maniéres, desquels on
pourra facilement déviner son humeur, & juger comment on le doit
traiter.

ñ

Es ift nöthig darauf zu fehen, daß man einem Fohlen welcher erft in den Stall von der Weyde geftellet worden, nicht gleich fo viel Haber gebe, als denen fo fchon ein halb Jahr oder länger darin geftanden find, es ift auch fehr gut daß man fich öffters in dem Stall einfinde, balb wann fie gepußt, balb wann fie gefüttert werden, damit man erfahre ob ihnen von den Stall-Knechten wohl und fleißig gewartet, auch ob folche wohl tractiret und fie nicht durch fchlagen oder reiffen verderbet, auch die Trenfe oder den Zaum zu gewohnen thätig, nicht fcheu oder boshaft werden, man kan fich hierbey mehrerer Vortheile bedienen einen Fohlen fchon in dem Stall zu einer guten Paritur zu obligiren, wann er auf der Trenfe oder Wifchzaum umgekehrt ftehet, daß man bey ihm vorbey gehe, ein büfchel Gras oder Heu in der Hand haltend davon gebe, und ihn durch die Stimme durch fanftes pfeiffen und ftreichen careffiere; fo wenig diefes zu feyn fcheinet, fo hat es doch einen vortreflichen Effect, indeme fie munter hervor tretten, fich in eine gute Poftur ftellen, im Maul leidentlicher werden, ja fo gar auf die Hancken von felbft fetzen, ihren Reuter kennen und lieben lernen.

Nach diefem Tractament follen die Fohlen wenigftens des Tages einmal an der Corde lauffen, und nur einen Bauch-Gurt, welcher ihnen erft auf der Schule folle angelegt werden, nebft einem linden Caveffon mit Leder gefüttert, und einer Trenfe auf

Il eft néceffaire d'y pourvoir, qu'on ne donne pas au poulain, qui vient du pâturage & ne fait que d'être établé, tant d'avoine, que l'on donne à ceux qui s'y trouvent, il y a déja un demi an & plus. Il n'eft pas moins convenant, qu'on fe trouve fouvent à l'étable, foit qu'on les nettoye, ou qu'on les fourrage, pour voir, s'ils font bien panfés ou traités des palefreniers, afin qu'ils ne les corrompent pas en les battant, ou, s'ils s'accoutument à la bride & ne deviennent pas farouches & malicieux. L'on a plufieurs avantages, dont on fe peut fervir pour avoir le poulain déja à l'etable dans fon obéïffance. Quand il eft tourné à la Treffe on paffe devant lui ayant en main une botte de l'herbe ou de foine & lui en donnant on le careffe par la voix, ou par le maniement & fifflement. Cela ne laiffe pas de faire des merveilles, parce qu'ils fe montrent gayement & en bonne pofture devenans plus patiens à la bouche, ils fe mettent eux mêmes aux hanches & apprennent à connoitre & à aimer fon Cavalier.

Aprés ce traitement il faut que les poulains courent tous les jours à là corde avec la fangle, dont on ne les fangle qu'au Manége, & un tendre caveçon fourré du cuir & avec la Treffe. On regarde alors fi les poulains font vigoureux & fugitifs. Un

haben, es ist sobann wohl barauf zu
sehen, ob man empfindliche frische
flüchtige Fohlen vor sich habe, daß
man anfangs einen Knecht neben her
gehen lasse, welcher den inwendigen
Cavessons-Zügel halte, der sie dem,
der sie an der Corde hat, einige mahl
auf der Volte herum führe, da man
dann bald abnehmen wird, ob der
Fohle so flüchtig ist, daß er im Wenden
Schaden leiden dürffte, wie es dann
öffters zu geschehen pfleget, daß sich
die Fohlen an der Corde im Lauff stu-
piren, und ein so flüchtiger Fohle im
herumlauffen, wann zumal die Corde nicht mit gutem Judicio gehalten
wird, zu starck reisset, oder gar ein
Contratempo giebet, sonderlich im
wechslen, welches so viel möglich nur
im Schritt und gegen dem Bereuter geschehen und avanciren solle.

Diese Lection kan nach Gestalt
der Sache und dem guten Judicio des
Bereuters, so lange continuirt werden, als man es vor gut finbet, nur
daß man den Fohlen am Ende der Lection wohl caressire, sobann mag
man auch einen Sattel auflegen,
und damit Trotiren lassen, da es die
Fohlen bald gewohnen, und den
Mann leiden werden, wann nun der
Fohle gelauffen, ist es gut daß einer
hinzu gehe, weil ihn der Reuter
an der Corde hat, das Pferd caressire, in den Sattel schlage, auch
nachdeme es fromm oder scheu, mit
dem Fuß in den Steigbügel trette,
es etlichemal versuche, und so es
dieses leidet sogleich von der Schule
in den Stall schicke, so wird das

valet va de coté qui tient la bride
interieure du caveçon & les conduit
sur la volte quelques fois à celui, qui
les tient à la corde. On verra alors
bientôt si le poulain est si fugitif, qu'il
pouvoit être gâté. Car il arrive af-
fez souvent, que les poulains se stu-
pefient en courant à la corde, qu'ils
tirent trop la corde, quand elle n'est
pas tenuë afféz habilement. Quelquefois ils donnent un contretems
en changeant, ce qui se doit faire
seulement au pas, & autant qu'il
est possible, vers le maitre.

On peut continuër cette leçon autant qu'un habile maitre le trouve
bon, mais qu'on caresse afiez le
poulain à la fin. Alors on lui met
la selle & le fait troter : par là il
s'y accoutumera bientôt, & souffri-
ra son homme. Aprés qu'il est cou-
ru, quelqu'un va à lui, tandis que
l'écuyer le tient encore à la corde,
caresse le poulain en battant sur la
selle, porte son pié à l'etrier & e-
prouve cela quelques fois. S'il
peut souffrir cela, on l'envoye auf-
fitôt à l'etable & le cheval aimera
& s'accoutumera bientôt à son homme pour le laisser monter.

Ou

Pferd den Mann lieben, und in kur-
ßer Zeit auffißen laſſen.

Auf gleiche Weiſe muß man auch
mit dem Fohlen umgehen, wann der
Reuter darauf ſißet, damit weder
das Pferd noch der Reuter Schaden leide. Alle dieſe Behutſamkeit
hat vielen Nußen, welches die Zeit
und Erfahrung klar beſtättiget, hingegen werden viele Pferde gleich in
der Jugend verdorben, wann dieſe
gelinde Traƈtation mit ihnen negli-
girt worden.

Noch mehr muß ich Ew. Excell.
von dem Anfang und Traƈtation der
Pferde melden, es ligt zu viel daran, daß ich nicht noch eins oder
das andere anmercke. Es betrügen
ſich viele welche die Regeln des be-
rühmten Duc de Neucaſtle nach dem
Buchſtaben annehmen, der von dem
Anfang einer Fohle wie mit derſelben umzugehen wenig gedacht, ſie
bedencken aber nicht daß er nicht vor
Anfänger ſondern ſchon vor verſtän-
dige geſchrieben, betrügen ſich alſo
ohne ſein verſchulden ſelbſt. Es iſt
alſo vor allem zu gedencken, daß ehe
man das Pferd auf die Volte, wo
ein jeder Fuß ſeinen beſonderen Creiß
machet nehmen will, ſolches vorhero
auf die beſchriebene Weiſe traƈtiret
worden ſeye, und daß es den Mann
wohl leidet, auch an der Corde ohne
ſich zu wehren auf die eine und andere Hand wendet, ſo belieben ſie es
wann ſie es capabel gefunden, gerade aus im Schritt und Trap zu
reuten, und obſerviren wohl, ob es

On traite de même le poulain
quand le Cavalier y-monte, afin
que ni lui ni le cheval prennent dom-
mage. Le tems & l'expérience
prouvent l'avantage de ce ménage-
ment. Au contraire on gâte beaucoup de chevaux quand on neglige
cette conduite modérée.

Le commencement de la conduite à l'égard des chevaux eſt trop
intéreſſant ; c'eſt pourquoi Vôtre
Excellence me permettra que j'obſerve encore l'un & l'autre. Il-y-a
beaucoup des gens, qui ſe trompent quand ils ſe conduiſent ſelon
les régles de l'illuſtre Duc de New-
caſtle, qui dit fort peu, comment
on ſe doit conduire au commencement. Ceux ci n'y penſent pas,
qu'il n'a pas ecrit pour ceux, qui
ne ſont que commencer, mais pour
ceux, qui ſont deja avancés & ſe
trompent ainſi eux mêmes. Il eſt
donc néceſſaire, avant que le cheval apprenne à faire la volte, ou
chaque pié fait ſon cercle à part,
qu'il ſoit avant dreſſé, comme nous
venons dire ; qu'il ſouffre bien ſon
homme & ſe tourne à la corde à
droite & à gauche ſans réſiſter. S'il
y eſt capable, Vous ferez bon de le
monter tout droit au pas & au trot,
& d'obſerver s'il ne ſe retienne pas,
ou s'il vienne librement du pas au

F   trot

sich nicht verhalte, ob es frey vor sich, aus dem Schritt in Trap, und von diesem in eine moderate Galopade falle, in dieser Lection werden sie die Fehler des Pferdes erkennen, welche dann an der Corbe aufs neue müssen corrigirt werden, und da ein Pferd gehorsamer als das andere, auch besseren Humeurs ist, so lieget alles am Judicio, und einer langen Practique, wie lange man mit dieser Lection continuiren solle. Dann wann das Pferd dadurch præparirt worden, so ist es erst recht im stande auf der Volte, da ein jeglicher Fuß seinen besonderen Creiß machet im Schritt, und Trab, gearbeitet zu werden.

Es sind viele, welche die Pferde mit Schläff-Züglen auf diese Operation nehmen, alleine sie irren sich sehr, indeme gemeiniglich wann das Pferd zu starck gebogen, es unterschiedliche Defaussen suchet, als da es in jeglichem Mouvement des Schritts oder Traps mit den Schultern herein, und der Croupe hinaus weichet, auch den Kopff niederdrucket, welches Hauptfehler sind, vor welchen der Reuter sich wohl in acht zu nehmen hat, und ist daraus zu ersehen was für geschickte Reuter junge Pferde erfordern, welche diesen Fehlern vorzukommen, und mit der besten Art zu corrigiren wissen müssen; daraus dann zu erkennen, wie viel an einem guten Anfang liege, und wie dieser nicht so leichtsinnig zu tractizen sey, als manche glauben.

trot & de celui à une galopade moderée. Vous en connoitres les défauts du cheval & les corrigérez de nouveau à la corde. Mais un cheval etant plus docile & de meilleur humeur que l'autre, il faut apprendre & juger par une longue expérience, combien de tems on doit continuër cette leçon. Car quand le cheval en a eté préparé, il dévient maniable sur la volte, au pas & au trot, ou chaque pié a son cercle à part.

Plusieurs se servent des rénes du Caveſſon pour y porter les chevaux; mais ils se trompent. Car, quand le cheval est trop courbé, il cherche quelques défauts, par exemple quand il tire les épaules dedans & la croupe dehors à chaque mouvement du pas ou du trot, ou quand il abaiſſe la tête: défauts, dont un habile Cavalier ne se peut jamais trop garantir. On voit par là, qu'un bon commencement n'est pas si peu de chose, & qu'on a tort eu le traitant negligemment.

Ew. Excell. wolte ich ferner rathen, da unsere Land = Pferde gemeiniglich, wann sie gleich anfangs mit denen Schläff = Züglen
geritten werden, die Köpffe gar
zu niedrig tragen, daß man sie den
meisten theil mit ordinari Züglen in
der Lection vornehme, doch aber
wohl attendire, damit das Pferd
mit einem jeglichen Schenckel seinen
besonderen Creiß mache, man obser-
vire aber sehr wohl, daß man mit
den ordinari Züglen also arbeite,
daß der auswendige Zügel das Pferd
nicht irre mache, sondern sie nur
im fall der Noth und zu rechter Zeit
gebrauche, wann es den Kopff zu
nieder träget, oder vor sich selbst zu
viel biegen will, dann muß man mit
den Cavessons rieglen, wie die Wel-
schen gut sagen, mit denen Züglen
so arbeiten, daß der Cavesson gleich
einer Säge auf dem Holtz, so auch
auf des Pferdes Nase operire, doch
mit dieser Observation, daß in dieser Arbeit der Kopff nicht aus der
Volte gezogen werde, sondern allezeit in derselben verbleibe, folglich
auf diejenige Hand schaue wo es hin-
gehet. Diese Sache muß nach Ereig-
nung der Nothwendig = und Empfindlichkeit der Nase des Pferdes,
und zwar ohne reissen und zerren,
sondern mit vieler Geschicklichkeit geschehen, und daß man die Hände
darinn also beysammen halte, daß
das Pferd keine Zeit habe, mit dem
Kopff zu schnellen, noch weniger mit
der Nase zuviel hinunter, oder in
die Höhe zu fahren, dann in dieser
Arbeit bestehet eine grosse Delicatesse,

Je conseillerois de plus à Vôtre
Excellence, les chevaux de nôtre
païs abaissants trop la tête, quand
on se sert auprès d'eux dès à commencement des Camares, de rétenir
les brides ordinaires, mais qu'on soit
fort attentif, que le cheval fasse son
cercle de chaque pié à part. Ob-
servez aussi soigneusement, de travailler ainsi avec les brides ordinaires, afin que la bride extérieure ne
trouble pas le cheval, & qu'elle soit
seulement pour s'en servir au besoin
& à juste tems, quand il porte la tête contraire ou la veut trop abaisser. Alors il faut travailler des ver-
roux du cavesson, comme disent fort
bien les Italiens, ainsi que le cavesson,
comme la scie sur le bois, opére sur
le nez du cheval; en observant néanmoins, que pendant ce travail la tête
ne quitte pas la volte, mais qu'elle y
demeure toujours & regarde vers la
main ou il va. Cela se fait avec beaucoup d'adresse, selon le besoin &
la sensibilité du nez du cheval sans
tirailler, tenant ensemble les mains,
afin que le cheval ne puisse pas jetter
en haut la tête, moins encore trop
abaisser ou élever son nez. Ce travail requiert grande adresse, & ne
s'apprend que par une longue pratique. Le Cavalier se doit donc étu-
dier continuëllement à ce savoir faire,
afin qu'il l'applique à propos & suivant la sensibilité du cheval, ce qui
doit être bien consideré. Car si l'on
voudroit travailler & scier toujours
sur le nez, on feroit les chevaux sen-
sibles, desesperés, & les grossiers &
insensibles encore plus insensibles

pour

und wird alleine durch eine grosse und lange Practique erhalten, deswegen solle der Reuter sich continuirlich befleissigen, diesen Hand-Griff wohl zu bekommen, und mit seinem Judicio dahin trachten, daß er solchen a propos und nach Empfindlichkeit des Pferdes anbringe, wie dann es bey einem mehr, dem andern aber weniger zu appliciren ist. Dann allezeit arbeiten und auf der Nase sägen, machet empfindliche Pferde desperat; und plumpe ungeschickte, unempfindliche, noch unempfindlicher, und schwerer, auf dem Cavesson; Derowegen muß man auch darob seyn, daß sich das Pferd nicht in den Cavesson lege, welches die Arbeit fruchtlos machet; dieses aber kan verhindert werden, wann man die Hände wohl beysammen hält, und mit Aufhebung der Nägel sowohl mit der einen als andern Hand dem Pferd auf der Nasen wäge, gleichwie ich oben gemeldet, auf welches es ohne Zweiffel nachgeben wird, worauf der Reuter seine Faust sogleich wieder in die erste Situation setzen solle, dann weil durch Aufhebung der Nägel ohnehin die Hand aus ihrer Situation kommt, die Cavessons-Zügel sich verkürtzen, so verlängeren sie sich ingleichem, wann man die Nägel wiederum gerab hält. Dieses ist ein vortreffliches Mittel, dem Pferd nicht alleine den Kopff stät zu machen, sondern auch wohl zu placiren, alsdann wird ein Pferd von sich selber gantz leicht seyn, ja man wird erfahren daß in dieser Arbeit mit dem Cavesson eine grosse Kunst stecke, daß

pour le cavesson. Il faut donc avoir soin, que le cheval ne se couche pas sur le cavesson, ce qui fait le travail inutile ; on le peut empêcher, en tenant bien ensemble les mains & travaillant ainsi sur le nez du cheval, comme nous venons à dire. Il déviendra alors sans doute souple, sur quoi le Cavalier porte aussitôt son poing dans la premiere situation. Car, parcequ'en élevant les cloux la main vient hors de la situation, & les brides du cavesson se racourcissent, ils s'allongent pareillement, quand on va tenir droits les cloux. Par ce moyen on peut non seulement faire ferme la tête du cheval, mais aussi bien placer. On verra que dans ce travail avec le cavesson consiste le grand sécret d'avancer un cheval en peu de tems sensiblement.

Par-

wer diese wohl zu practiciren weiß,
in kurtzer Zeit ein Pferd sehr weit
bringen wird.

Da nun Ew. Excell.

ein gnädiges
belieben tragen, meine auf lange Zeit
gegründete Erfahrung zu haben, so
will ich darin weiter fortfahren, und
damit sie den rechten Nutzen daraus
schöpffen, so ist weiters zu betrach=
ten, daß das Pferd, wie gesagt, al=
lezeit auf der Volte avancire, damit
der vordere auswendige und der hin=
tere inwendige Fuß nicht gar zu viel
zurücke oder dahinten bleibe, hier=
von belieben sie in des Duc de Neu-
castle seinem Wercke nachzusehen,
wo jeglicher Creiß mit Num. 1.2.3.4.
bezeichnet, dann dieses zurückbleiben
ist sehr falsch und verhindert das
Pferd, daß es nicht leicht in die gute
Postur gebracht wird. Wann dann
der Reuter solches mercket, wie er
es gleich wissen solle, so muß er mit
der Zunge schnaltzen, bald mit der
Spitzruthe das Pferd animiren, zu=
weilen auch beyde Füsse bey denen
Schultern zusammen schlagen, diese
dreyerley Hülffen aber sind mit gros=
ser Delicatesse zu gebrauchen, dahe=
ro darauf zu mercken, daß wann
das Pferd auf die erste nichts gibt,
die andere und dann die dritte, auch
wohl alle 3. zugleich gebraucht wer=
den können; erstere darum, damit
man das Pferd gewöhne auf die sub=
tilen Hülffen zu geben, welches auch
ein spirituoses und empfindliches
Pferd zu thun pfleget. Da es aber
auch träge und unempfindliche gibet,
so sind auch stärckere Hülffen vorge=

Parceque Vôtre Excellence prend
plaisir de savoir mes sentimens qui
sont confirmés par une longue expérience je continuerai de les commu-
niquer. Il est donc à observer, que
le cheval avance toujours sur la volte, afin que le pié de devant exté-
rieur & celui qui est derriére inté-
rieur ne demeure pas trop en arriére.
Vous le pouvez voir dans l'écrit de
Monsieur le Duc de Newcastle, ou
chaque cercle est marqué avec Num.
1.2.3.4. Car ce demeurer en arriére
est faux & empêche le cheval de se
mettre en bonne posture. Si le Cavalier le regarde, & il faut, qu'il le
sache aussitôt, il doit claquer avec la
langue, ou animer le cheval avec la
baguette, quelquefois aussi frapper
de deux piés les épaules. Néanmoins
il faut se servir de ces diverses aides
avec grande adresse. Si le cheval
se moque de la premiere, on applique la deuxiéme, alors la troisiéme
quelquefois toutes les trois ensemble.
La premiere, afin que le cheval s'ac-
coutûme à sentir les aides subtiles,
ce qu'on obtient aussi d'un cheval sen-
sible. Mais parcequ'il y en a aussi
des lourdes & insensibles, on a des
aides plus fortes pour ceux-ci; quoique on doive bien avoir soin, que
l'on ne traite pas le cheval dés le
commencement avec des aides si fortes. Ils déviennent par là encore plus
insensibles, & si le Cavalier ne ména-
ge pas les aides il ne rétiendra rien

schrieben worden. Es ist sich aber
wohl dabey in acht zu nehmen, daß
man die Pferde nicht anfangs mit
so starcken Hülffen tractire, wodurch
sie nur unempfindlich würden, dann
der Reuter solle die Hülffen menagiren, sonst wird er bald nichts mehr
haben, womit er das Pferd gehorsam mache, dann das Pferd muß
unterscheiden können, was eine Hülffe oder Straffe ist, und dieses stehet
alleine in des Reuters seinem Judicio, daß er die Straffen nicht vor
Hülffen brauchet. Ich muß dieses
durch eine Vergleichung, weil so viel
daran gelegen, noch deutlicher machen;
z. E. ein Herr der mit seinem Diener um die geringste, wie um die grö-
ste Sache zancket, oder straffet, wird
ihn gantz gewiß irre, tumm, oder
gar desperat machen, auch ihn so
verwöhnen, daß der Diener glauben
wird, er dürfe keinen Schritt thun,
bis nicht sein Herr zancke oder ihn übel
tractire, weil er daburch nicht weiß
wann er recht, oder übel thut; hingegen wann ein Herr seinen Diener
glimpflich tractiret, und wann er darum nichts gibt, die Schärffe gebrau-
chet, wann er aber gut thut, ihme
es zu erkennen gibt, so ist gewiß,
daß, um die Schärffe zu meiden, er auf
den geringsten Winck gehorchen wird.
Ein gleiches ist es mit denen Pferden; wie offt siehet man, daß man-
cher Reuter um sein Pferd in Galop zu bringen, sich solcher Hülffen
gebraucht, welche mehr denen Straffen gleichen; solcher hat dann seine
Pferde schon unempfindlich gemacht,
und hat keine Hülffe mehr übrig, son-

plus, de quoi faire obéïr le cheval.
Car il faut que le cheval puisse distinguer ce qu'est ce que les aides ou la
peine. Il dépendra tout de l'adresse
du Cavalier, qu'il n'employe pas les
peines au lieu des aides. Je le veux
expliquer par une comparaison. Un
Maitre querellant toujours son valet
sans raison, le fera sans doute opiniâ-
tre & desespéré, qu'il n'obtiendra rien
de lui, avant qu'il ne l'ait pas que-
rellé ou traité mal, ne sachant ce qui
est fait bien ou mal. Au contraire,
si le Maitre le traite doucement, &
quand il s'en mocque le châtie, il est
sûr qu'un clin d'oeil suffira pour le faire obéïr, afin d'éviter le châtiment.
On remarque le même auprés des
chevaux. L'on voit souvent qu'un
Cavalier pour faire galoper son cheval, applique des aides, qui ne res-
semblent que trop aux peines. Un
tel a deja fait ses chevaux insensibles
& il n'a plus des aides, qui lui re-
stent. Il faut donc qu'il use des peines, mais qui ne causent que des des-
ordres, peril & chagrin & ôtent au
Cavalier tout le credit. Un cheval
est en vérité un animal si noble, qu'il
sait fort bien distinguer les aides, peines ou caresses, & qu'il aime mieux
obéïr aux aides subtiles ou caresses du
Cavalier.

Ideau.

bern muß statt deren sich der Straffen
bedienen, aus welchen nichts als
Unordnungen folgen, die Gefahr,
Verdruß, und Schaden verursa-
chen, und dem Reuter den Credit
nehmen. Ein Pferd ist gewis ein so
nobles Thier, daß es die Hülffen,
Straffen, und Careſſen, wohl aus-
einander kennet, auch viel lieber auf
die subtilen Hülffen, und wegen der
Careſſen, dem Reuter gehorchen
wird.

Es pflegen sich viele Pferde zu wehren, so sehr viele Stärcke haben, auch
Grimaſſen zu machen, theils aus
Mangel der Kräffte, theils aus Malice, auch wann sie zu hart angegrif-
fen werden, ferner wann der Caveſſon zu scharff, der Sattel nicht an rech-
tem Ort lieget, oder allzufest gegür-
tet, zuweilen auch das Hinterzeug
zu kurtz ist, derowegen der Reuter
alles examiniren und nachdencken
muß, aus was für Ursachen die Grimaſſen und Defauſſen herkommen;
dann wann ein Pferd der Caveſſon
oder Sattel irrt und wehe thut, wird
es sich unfehlbar wehren oder Grimaſſen machen, wann aber ein Pferd
nicht genugſame Stärcke und doch
viel Geiſt hat, muß der Reuter nie-
mahlen das Pferd so viel anſtrengen
seine gantze Stärcke heraus zu geben,
ſondern allezeit etwas in Reserve
behalten, dergleichen Pferden auch
etwas nachsehen, und nicht um ge-
ringe Ursache gleich ſtraffen, dann
durch die Straffe wird es ſich nicht
alleine wehren aus Abgang der Kräff-
ten, ſondern auch in Confuſion ge-

Beaucoup des chevaux ayans des
forces ont coutûme de réſiſter ou de
faire des grimaces, quelquesuns
quand les forces leur manquent, des
autres par malice, & quand on les
fatigue trop, souvent ſi le caveſſon
eſt trop tranchant, la ſelle n'eſt pas
miſe comme il faut, ou peut être ſan-
glée trop ferme, enfin auſſi ſi la crou-
piére eſt trop courte. Le Cavalier
doit donc bien examiner d'ou viennent
ces grimaces. Si le caveſſon ou la
ſelle cauſe la douleur au cheval, il ne
manquera pas de réſiſter : mais s'il
n'a pas aſſez de force & beaucoup
de vigueur, le Cavalier ne doit jamais inciter le cheval pour faire tous
ſes efforts poſſibles. Il pardonne
quelquefois à ces chevaux & ne les
punit pas de rien; car la peine les ſe-
ra non seulement réſiſter faute des
forces, mais les déconcertera encore. On fera bon ainſi, de prévenir
ce défaut doucement, parce que
le cheval, n'en étant pas forcé trop,
ne perdra ni le courage ni les aides
ou la peine, mais s'y confirmera plû-
tôt, & finira alors de peu des forces

rathen, also daß es nur aus Mangel der Kräffte nicht vollbringen
kan was der Reuter von ihme begeh-
ret; suchet man aber dem Fehler
glimpflich zuvor zukommen, so wird
das Pferd weilen es dadurch nicht
übertrieben wird, weder den Muth
noch die Hülffe auch nicht die Straffe verlieren, sondern mehr Lust und
Courage fassen, und durch die Agilité so es von diesem guten Tractement
bekommt, öffters mit wenig Stärcke
seine Lection nach der Correction
vollführen. Wehret sich aber das
Pferd aus überflüßiger Stärcke und
Malice, so hat der Reuter wohl acht
zu geben, daß er ihme den geringsten Fehler, so von Boßheit kommt
(welches ein geschickter Reuter
sicher distinguiren kan,) nicht ange-
hen lasse, es auch à Tempo straffe,
und so es gehorchet, sogleich gelinde
tractire und caressire, auch da es nur
Mine macht, sich ferner zu wehren,
mit einer glimpflichen Correction
dem Fehler zuvor komme, und so
es darauf gehorsam ist, sogleich ab-
steige und es in den Stall schicke, welches dem Pferd die liebste Caresse ist.
Solte es aber nicht gehorsam seyn,
und der Reuter nimmt in acht, daß
das Pferd erkennet was er haben will,
und nur aus Malice sich auf seine Stärcke verlässet, und sich defendiret, so
muß er es in diesem Fall sehr starck
abstraffen, damit es dadurch erken-
ne, daß nicht allein der Reuter ihme
Meister geworden, sondern distin-
guire, daß wann es übel thut ge-
straffet, wann es aber gut thut ca-
ressiret werde. Auf diese Weise will

sa leçon, suivant la correction faite.
Au contraire si le cheval résiste par
excés des forces ou par malice, le
Cavalier doit prendre garde, afin qu'il
ne lui pardonne pas le moindre défaut,
qui provient de la malice, ce qu'il
saura distinguer bien, qu'il le punisse
à propos & s'il obéït, le traite aussitôt doucement & le caresse; aprés
cela s'il fait seulement mine de résister
encore, qu'il prévienne le défaut d'une
correction douce & l'envoye à l'étable si tôt qu'il dévient obéïssant, ce
qui lui est la caresse la plus agréable.
S'il n'est pas obéïssant, quoique le
Cavalier remarque, que le cheval
connoit, ce qu'il veut de lui &
qu'il se defend par malice; il faut
qu'il le châtie rudement, pour l'apprendre, qu'il a son maitre & pour
le faire distinguer les peines & les
caresses suivant la bonne ou la mau-
vaise conduite. Je puis assûrer qu'on
reüssira ainsi fort bien des plusieurs
chevaux s'ils ne sont pas fougueux
ce qu'un habile Cavalier distinguera
bientôt.

Un

ich verfichern, daß man mit den meis
ften Pferden reuiſſiren werde, wo ſie
nicht halbe oder gantze Kollerer ſind, ſo
ein wohl practicirter Reuter bald zu
diſtinguiren weiß.

Eine der gröſten Künſte des Reu=
ters iſt, daß er aufmerckſam unter=
ſcheidet, ob das Pferd aus überflüſ=
ſiger Stärcke, oder Uebereilung, aus
Malice, oder nicht genugſamen Kräff=
ten etwan aus Ignoranz weil ihme
im Anfang nicht genugſam iſt zu ver=
ſtehen gegeben worden, was man
von ihme verlangt, auch das Pferd
noch nicht die Hülffen von den Straf=
fen unterſcheiden kan, widerſetzet.
Alle dieſe Stücke ſind ſehr nothwen=
dig, daß ſie der Reuter dem Pferde
zu verſtehen gebe, ſonſt iſt ſeine gan=
tze Arbeit fruchtlos, und wird nie=
mals kein recht ausgemachtes Pferd
zuwege bringen, darauf man ſich
verlaſſen könnte, dann ſo lange ein
Pferd nicht auf die Hülffen gehorchet,
und Straffen annimt, ohne ſich de=
ſperat zu erzeigen, ſo iſt es kein völ=
lig ausgemacht=oder dreſſirtes Pferd,
und kan ohne groſſe Gefahr in keiner
Action oder andern Occaſionen ge=
braucht werden.

Es ſind aber dreyerley Hülffen,
welche ein Reuter hat, dem Pferde zu
helffen, und daſſelbe zu zwingen. Die
erſte iſt mit der Hand von dem Zaum,
die 2te mit der Schenckel, und die
3te mit der Ruthe, welche Ruthe
aber nur muß gebraucht werden in
Abrichtung des Pferdes; wann es
aber völlig dreſſirt iſt, muß es auch oh=

Un des principales avantages, que
le Cavalier peut avoir, c'eſt ce, qu'il
ſoit fort attentif, en diſtinguant, ſi
le cheval lui réſiſte par un excés de
forces ou précipitation, par malice
ou faute des forces, par ignorance,
n'ayant pas encore aſſez compris ce
qu'on veut de lui, ou ne ſachant pas
encore diſtinguer les aides des pei=
nes. Si le Cavalier ne poſſéde l'art
à faire comprendre le cheval tous ces
points, il travaillera toujours inutile=
ment & n'achévera jamais un cheval,
dont il puiſſe faire état. Car autant
qu'un cheval n'obéït pas aux aides &
ſe montre tout deſeſpéré aprés les pei=
nes, il n'eſt pas encore achévé & ne
peut pas être d'aucun uſage dans une
bataille ou autres occaſions.

Il y a trois ſortes des aides, dont
le Cavalier ſe puiſſe ſervir pour aider
& contraindre le cheval: La premie=
re eſt avec la main de la bride, la ſe=
conde, avec la jambe, & la troiſiéme
avec la baguette, dont on ne ſe ſert,
qu'en dreſſant le cheval, parce qu'il
doit obéïr ſans celle ci, etant achévé.
Outre ces aides il a encore la langue,

H　　　　　　　　　　h

ne Gebrauch derselben obediren, über diese Hülffen ist noch die Zunge und Stimme, endlich auch die Chambriere, welche man aber gar selten gebrauchen soll, und die Pferde ja nicht daran gewöhnen, dann ein vollkommener wohlerfahrner und excellenter Reuter richtet seine Pferde auf den blossen Sinn des Anrührens, ist also sehr nothwendig, daß er gleich im Anfang das Pferd, dessen Maul und die Seiten, wo er es mit dem Schenckel berühret, empfindlich erhalte.

Dann ein Pferd hat 3. Empfindlichkeiten, durch welche der Reuter es bezwingen kan, als auf der Nase, so nur in während der Abrichtung, vornehmlich aber zum biegen der Pferde, und Erhaltung ihrer Leichtigkeit, wie auch zur Verschonung des Mauls, und Correction eines Fehlers, nicht weniger zur Straffe eines Lasters wegen des Cavessons zu menagiren ist; die 2te ist im Maul, auf denen Laden und an dem Platz wo die Kinn-Kette operiret, welches also zu tractiren ist, damit es weder zu unempfindlich noch gar zu empfindlich gemacht werde, mithin ein rechtes Anlehnen, oder Apui auf das Mundstück habe, an welchem alles gelegen, und die völlige Kunst des Reuters darin bestehet, ist also mit vielem Fleiß darauf zu studiren, welches unmöglich mit der Feder kan beschrieben werden, sondern durch eine grosse Practique, Judicium und immerwährendes Nachdencken erlernet werden muß, welches Apui aber, von dem zuvor gemeldet worden, weder zu wenig noch zu viel seyn muß,

la voix & la chambriere, laquelle il doit appliquer fort rarement pour n'y pas accoutûmer les chevaux. Car un habile Cavalier dreſſe ſon cheval ſur le ſens de l'attouchement; c'eſt pourquoi il eſt bien néceſſaire, qu'il rétienne dés le commencement la bouche & les flancs du cheval, qu'il touche de la jambe, ſenſibles.

Car les chevaux ont trois lieux ſenſibles, ou le Cavalier les peut forcer. Premierement, ſur le nez, dont on ſe peut ſervir pendant qu'on les dreſſe, ſinguliérement pour les faire ſouples & pour conſerver leur agilité en ménageant la bouche, de même pour les corriger d'un défaut, ou pour les punir d'une malice. Secondement, à la bouche ſur les machoires, & au lieu ou la gourmette opére. Mais il faut prendre garde, afin qu'on ne faſſe pas ce lieu trop inſenſible ni trop ſenſible & qu'il ait le juſte apui ſur le mors de la bride. Tout y eſt fort intéreſſant, ce qu'on ne peut pas décrire aſſez clairement, mais il faut être compris par une longue pratique & propre refléxion. Cet apui ne doit pas être trop ni trop peu, que le cheval étant pouſſé, mais rétenu du Cavalier ne preſſe ni trop ni trop peu ſur la bride. Alors on peut dire que l'on eſt aſſûré de ſon cheval & que l'on s'en puiſſe ſervir dans toutes les occaſions.

Le

alſo, daß wann ein Pferd hervor ge-
trieben wird, der Reuter es zuruck
halte, daß es weder zu viel noch zu wenig auf den Zaum drucke, und in keine Confuſion gerathe, alsdann kan
erſt der Reuter ſagen, daß er ſeines
Pferdes verſichert ſey, und es ohne
Sorge in allen Occaſionen gebrauchen könne.

Der 3te Ort ſind die Seiten des
Pferdes, welche an 3. Orten die
richtige Empfindlichkeit haben ſollen,
ſonſten muß ſie ihme gelehret, oder
wann es ſolche von Natur hat, eben
als wie das Maul nicht zu empfindlich auch nicht zu unempfindlich erhalten werden.

Der erſte Ort iſt an den Ellebogen,
allwo man die flachen Schenckel anſchlagen, auch mit der Spitzruthen ſel-
bige anrühren, corrigiren, ſtraffen
und nach geſtalt der Sachen empfindlich machen kan.

Der andere Ort iſt neben dem
Gurt, allwo man anſchlagen, mit den
Schenckeln anbrücken, und mit den
Spornen zwicken, oder wie die Fran-
tzoſen gut ſagen pincer auch völlig und
mit Gewalt die Sporn in Leib ſchlagen kan, welches aber ſehr ſelten ge-
ſchehen muß, und nur ſo viel, daß ein
Reuter verſichert ſeyn muß, daß ſein
Pferd nach ſolchem Spornſtreich nicht
deſperire, ſondern darauf correſpon-
dire und im Gedächtnus behalte, wel-
len nach dieſer Straffe der Reuter keine andere mehr übrig hat. Er muß ſie
alſo nicht umſonſt, noch wegen gerin-

Le troiſiéme lieu ſenſible du cheval
ce ſont les flancs. S'il n'y-a pas trois
ſenſibilités, il les faut lui apprendre
& s'il les a de ſoi même, il les faut
conſerver, comme nous avons dit de
la bouche, ni trop inſenſibles ni trop
ſenſibles.

Le premier lieu eſt le Coude: on-y-
peut heurter avec le plat des jambes,
le toucher, corriger, punir avec la
baguette, & ainſi faire ſenſible comme il faut.

Le ſecond lieu eſt proche de la
ſangle, ou l'on peut frapper, preſ-
ſer des jambes & pincer des éperons,
quelquefois lui donner de grands coups
d'éperons; ce qui ſe fait fort rarement
& ſeulement ſi le Cavalier eſt aſſûré
qu'un tel coup d'éperon ne fait deſeſpéré ſon cheval mais qu'il obéïſſe &
s'en ſouvienne. Car aprés cette peine
il ne lui reſte rien plus. Il a donc raiſon de s'en ſervir pour des défauts
d'importance & de ne l'employer pas,
qu'aprés avoir tenté toutes les autres
peines. Quand il ſe moque de celle
ci, il eſt prèſque tout perdu & le

ger Urſache, ſondern nur für die gröſ-
ſte Straffe gebrauchen, und vorhero
alle andere Straffen anwenden, bis er
gezwungen wird dieſe letzte Straffe
anzuwenden, dann wann ein Pferd
um dieſe nicht mehr gibt, ſo iſt wenig
oder nichts mit ſolchen Pferden an-
zufangen, und können niemals ſicher
in offentlichen Occaſionen gebraucht
werden.

Der 3te Ort der Empfindlichkeit
iſt bey dem Anfang der Flancken, allwo man dem Pferd mit Berührung
des flachen Schendels, ſowohl als mit
Anſchlagung deſſelben, auch mit Zwi-
ckung des Sporns die Hülffen und
Straffen zu erkennen geben kan, hier-
nächſt kan man ſich an dieſem Orte der
Spitzruthen bedienen, mit weiſem
Anrühren und endlich zur Straffe
mit dem Streich derſelben, damit es
auch an dieſem Ort erkennen lerne,
was eine Hülffe oder Straffe ſey;
ja ich habe ſelbſt erfahren, daß Pferde
welche doch ſehr empfindlich auf dem
Schendel waren, ſehr wol zu diſtinguiren gewußt, was eine Hülffe oder
Straffe ſey, daß wann ſie unter der
Menge anderer Pferde geritten worden, wo ſie bald von dieſer oder der an-
bern Seite geſtoſſen, auch wohl von
mitreutenden Perſohnen mit dem
Stiefel gedruckt ſich deswegen nicht
erhitzet oder ungebultig geworden; ſo
gelirnig ſind manche Pferde, wann ſie
von einem wohlerfahrnen Meiſter abgerichtet worden. Ich habe dieſen letz-
ten Punct, von der Empfindlichkeit
der Pferde darum ſo ſehr recommendi-
ret, weil ohne Beobachtung deſſelben

Cavalier n'eſt jamais aſſûré de ſon
cheval.

Le troiſiéme lieu eſt au commencement des flancs, ou l'on ſait connoitre le cheval les aides ou les peines en
le touchant ou frappant du plat de la
jambe & le pinçant de l'éperon. Outre cela on s'y peut auſſi ſervir de la
baguette, dont on le touche & frap-
pe ſi l'on le veut punir; afin qu'il apren-
ne auſſi en ce lieu ce qu'eſt ce que des
aides ou des peines. J'ai fait l'expérience moi même, que des chevaux, qui
furent fort ſenſibles, ont fort bien ſçû
diſtinguer les aides & les peines. Quoique ils aient été montés entre pluſieurs
autres chevaux, ou ils furent choqués
d'un & d'autre coté, & preſſés des bot-
tes des autres perſonnes: ils ne ſont pas
dévenus impatiens. On voit donc qu'il
y a de chevaux fort dociles quand ils
ſont dreſſés d'un Maitre habile & ſa-
vant. Je Vous ai récommendé ce dernier point de la ſenſibilité ſi amplement,
parceque l'on ne peut travailler utile-
ment au achéver parfaitement un cheval, ſans qu'on l'obſerve. Je n'ai auſſi
rien dit vainement, dont je ne puiſſe
montrer la raiſon & le profit. On
verra en toutes les leçons que tous les
principes de la Cavalerie y ſont con-
tenus. Si le cheval eſt dreſſé ſelon ces
regles,

fein guter Anfang gemacht, noch we=
niger ein Pferd zu der rechten Perfection kan gebracht werden. Ich ha=
be also nichts vergebens angeführet,
das nicht seinen Grund und wahren
Nutzen in sich hält, man wird solches
in allen Lectionen erfahren, dann
hierin sind die Hauptreglen der gan=
tzen Cavalerie enthalten, und wann
einPferd nach allen diesen gemeldeten
Observationen angefangen und gear=
beitet worden, so wird es sich dem
Reuter zu ein oder anderer schönen
Schule selbst præsentiren, er wird
auch in währender Abrichtung eine
Freude haben, zu sehen wie es täg=
lich profitiret und zunimmt.

Endlich will ich noch sehr recom-
mendiren, da es sich zu Zeiten ereig=
net, daß einem so wohl gemachte, so
spirituose, und gelirnige, Pfer=
de, welche von so grosser Agilité und
Stärcke sind, vorkommen, daß sie
von sich selbst in einigen Lectionen
sich also erzeigen, daß der Reuter
den grösten Gusto daran empfinden
wird, so ist doch darbey wohl zu con-
sideriren, daß obgleich ein derglei=
chen Pferd scheinet gar wenige Ar=
beit nöthig zu haben, weil es von
der Natur vielen Vortheil hat,
er solches ja nicht übertreibe, son=
dern durch alle berührte Reglen mit
ihme gehe, und ob sich das Pferd
von Natur zu ein oder der anderen
Schul von selbst præsentirte, daß es
der Reuter vor sich selbst nicht operi-
ren lasse, sondern ein solch Pferd im
Schritt und Trap confirmire, also

régles, il se présentera lui même à son
Cavalier pour de belles leçons & lui
aura beaucoup de joye à voir combien
son cheval profite & avance de jour
en jour.

Enfin Je récommende aussi, quand
on voit des chevaux, qui sont si bien
faits, vigoureux, disposés & dociles,
& qui semblent avoir tant d'agilité &
de vigueur, qu'ils se montrent d'eux
mêmes en quelques leçons, pour faire
beaucoup de joye à son Maitre : qu'on
considére bien qu'un tel cheval ne doit
pas être trop forcé, quoique il semble
avoir besoin peu de travail, ayant beaucoup d'avantage de la nature, mais
qu'on le fasse parcourir toutes ces leçons. Il est donc nécessaire, de le
faire ferme au pas & au trot, de L'apprendre les aides & à distinguer les
subtiles des plus fortes & les aides en
général des peines. Car le cheval n'est
ni achévé ni sûr, s'il n'obéït pas aux
aides ni les distingue des peines, ou
s'il n'est pas patient étant puni.

I   Pen-

Avis.

On n'a pas voulu laisser ignorer les Lecteurs, pour mieux entendre ces feuilles, qu'on n'entend pas autre chose par le mot de *Treß*, que l'on trouve ici par tout, que ce que l'on nomme communément le *Bridon*.

Ein bedeckt Pferd mit blenden wie es zur Schule geführet wird.
Un cheval couvert avec des lunettes come on le mene au Manege

N.º 1.   Joh. El. Ridinger nov. del. sc. et excud. A:

Ein Pferd mit dem gürt wie es zur Schüle geführet wird.
Un cheval avec la Sangle pour le mener au Manege.

No. 2.

Das Trottiren von einem jungen Pferd an der Corde.
Le trot d'un jeune Cheval a la longe.
N.º 3.

Das Trottiren auf der Volte mit Spanischem Reuther u: Sandsack rechts.
Le trot sur la volte avec la machine d'Espagne et le Sac de Sable à la droite
N°. 4.

Dem Pferd werden die Kugle zum Trottiren angeleget.
on met les boules au cheval pour troter

N.º 5.

(Ein Pferd mit der Zaum-Halffter zwischen den Pilliers.
Un cheval avec le licou d'entre les Piliers).

N.º 6.   g.e.r.

Das Compliment vor dem auffsitzen.
Le Compliment avant que de Monter a cheval.

N.º 7.

Freÿ vom boden auffsisißen erstes Tempo
Monter à cheval de la Terre premier temps.

N.º 8.   J.E.R.

Bey dem Vortheil aufsulitzen Zweistes Tempo.
Monter à cheval de l'avantage second temps.

N.º 9.   J. E. R.

Drittes Tempo fest zu sizen im Sattel samt Zurechtrichtung der Zügel.
Troisieme temps pour se Mettre ferme dans la selle et aprêter la Bride

N.º 10.

Die gute Action eines Reuthers zu Pferd.
L'a belle posture d'un Cavalier a cheval

N.º 11.

Ein junges Pferd in dem ruhen Natürlichen Schritt grade aus.
Un jeune cheval dans son pas Naturel tout droit.

N.º 12.   J.C.R.

Der Schulgerechte Schritt an der Mauer gerade aus.
Le pas du Manege à coté de la Muraille tout droit.

N.º 13.

Der Schülgerechte Trab an der Corde auf der Volte rechts.
Le trot ou Manege à la corde sur la Volte à la droite.

N.º 14.   J. E. R.

Der Schüldrechte Trab an der Wand gerade aus.
le trot du Manege à la Muraille tout droit.
N.º 15.

Changiren im Schritt auf der Volte rechts.
Le changement au pas sur la Volte à la droite.
N°.16.

Gallopp auf den hanchen gerade aus linck
Se galop sur la hanche à la gauche sur la ligne.
N° 17.

Relevirter Galopp links gerade aus auf den halben hancken.
Le galop relevé a la gauche sur la ligne a la demie hanche.

Nᵒ 18.   J. E. R.

Changiren im Galop rechts auf der Volte.
Le changement au Galop sur la Volte à la droit-
N.º 19

Parade im Gallopp rechts.
La Parade au galop a la droite
N.º 20.

Der Schulrechte Paſs an der Wand.
Le pas l'amble du Manege à la muraille.

N.º 21.   I.E.R.

Das Zurückgehen an der Wand.
Le reculement à la muraille.

N.º 22.   J. E. R.

Traverſiren an einer Wand rechts.
Le Travers à la muraille à la droite.

Nᵒ 23.

J.E.R.

Traverfire auf der Volte geg: der Seule mit dem Kopf ein u: der Cruppe auswarts.
Le Travers sur la Volte contre le Pilier avec la tête et la croupe en dehors.

N.º 24.

Traverfiren mit der Croupe gegen der Säule auf einem enge Kreise rechts.
_. Travers la croupe contre le Pilier sur un petit cercle à la droite
N.º 25.   95..2.

Traversiren auf der Volte im weiten Kreise links.
Le Travers sur la Volte sur un cercle large à la gauche.
N.º 26.   J. E. R.

Traversiren links auf einem Creise von Länge des Pferds.

Le Travers à la gauche sur un cercle la longueur du cheval.

N.º 27.   H.C.R.

Redopp an der Wand links.

Le Redop a la muraille sur la gauche.

Nº 29.

J. E. R.

Redopp auf der Volte links im weiten Kreise.
Le Redop sur la Volte à la gauche sur un cercle large.

N.º 30.   y e x.

Redopp auf einem kleinen Zirckül von Länge des Pferds rechts.
Recop sur un cercle etroit la longueur du cheval à la droite

N.º 31.   I.C.K.

Pesade oder erhebter Redop auf der halben Volte links.
La Pesade ou le Redop sur la demie Volte à la gauche.
N.º 32.   J. C. R.

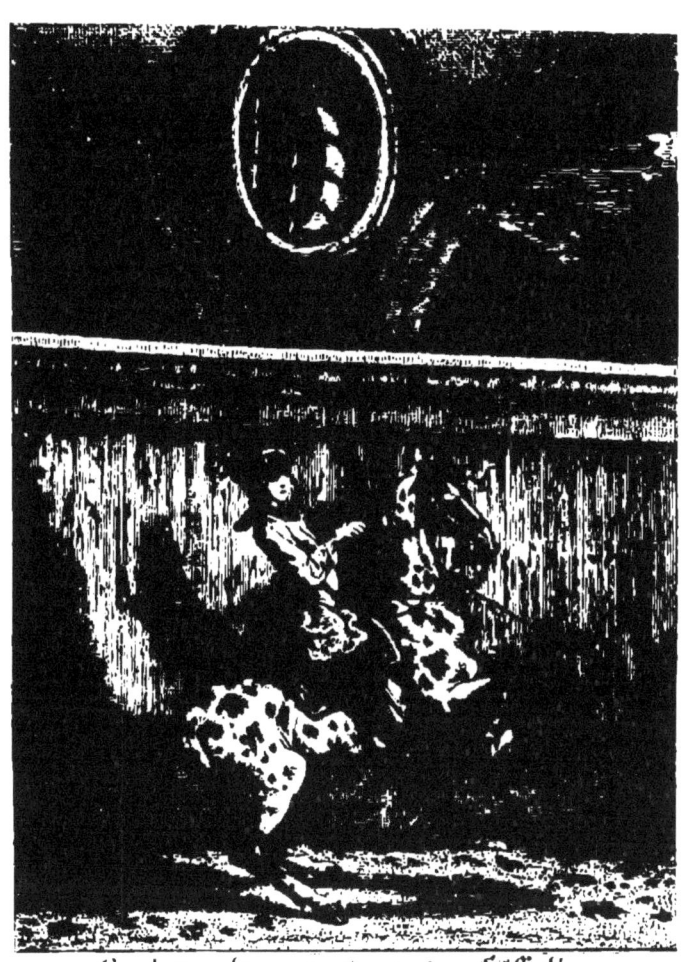

Courbette rechts gerade aus von einem Hufschlag.
La Courbette à la droite sur la ligne.
N° 33

Courbette gerade aus an der Wand links.
La Courbette a la muraille.
N.º 34.

Halb lustig rechts gerade aus.
A demi allegre sur la ligne.
N.º 35.

Von der Erden für Erden.
Terre à Terre

N.º 36.

Pirouette rechts auf einem Cirkül von Länge des Pferdes.
La Pirouette à la droite sur un Cercle la longueur du cheval.

N.º 37.   J. E. R.

Cariera an der Wand gernde ais.
La Carriere à la Muraille sur la ligne.

N.º 36.   J.E.R.

Crouppade gerade vor sich.
La Croupade tout droit.
Nº 30.

Halbe Capriole oder Falso e salto gerade aus.
La demie Capriole tout droit
N.º 41

Spanischer Schritt oder Passagirn gerade aus.
Le Passiger sur la ligne
N.º 42.

Ganße Capriole gerade vor sich.
La Capriole entière sur la ligne.
N.º 43.

J. C. R.

Das Pferd zum Fahnen zu gewöhnen.
Accoutumer le cheval au drapeau
N.⁺⁺

Das Pferd zur Trommel zu gewöhnen.
Accoutumer le cheval au Tambour.
N° 45.

C

Das Pferd Schuß fern zu machen.
Le cheval d'arquebusade.
N° 40